PRÉCIS

DES

EXHORTATIONS ET SOLLICITATIONS

FAITES AUX DÉPUTÉS

DE LA CONVENTION NATIONALE, EN 1792,

POUR LA DÉFENSE ET LA CONSERVATION

DE L'INFORTUNÉ LOUIS XVI,

PAR MME. N.... D....

A PARIS,

CHEZ J. MORONVAL, IMPRIMEUR-LIBRAIRE,
quai des Augustins, et rue des Prêtres-St.-Severin.

M. DCCC. XIV.

AVERTISSEMENT.

LE lecteur verra que la vive douleur dont j'étais accablée dans le fatal moment où je fis cet écrit, me fit commettre des fautes qui doivent paraître ridicules ; mais en se reportant aux tristes circonstances du temps, en faveur du puissant motif qui me faisait agir, j'ose espérer qu'avec un peu d'indulgence, on préférera un style simple et naturel, dicté par le cœur seulement, à de belles phrases empruntées ; il sera facile de s'apercevoir que j'approche du don de sentir, don que donne la sensibilité, et que j'ai payé bien cher ; mais l'on verra aussi que je suis très-éloignée de peindre et d'exprimer ; une mère de famille est toute à ses affaires domestiques, et non au cabinet. Mon but, dans ces temps malheureux, était de tenter le moyen d'empêcher tous les maux qui nous ont accablés ; et , dans cette circonstance mémorable, il était de pouvoir concourir au bien général, désirant, par la publicité de cet écrit, affermir les faibles esprits en leur démontrant combien on doit ap-

précier le bonheur et l'avantage de vivre sous
les douces lois d'un Roi sage, éclairé et vrai-
ment chrétien, étant fermement persuadée
qu'où se trouve la pureté de la religion, se trouve
le bonheur ; ce sentiment religieux nous im-
pose les devoirs indispensables de tout âge et
de toutes conditions, prouvés par les alarmantes
et cruelles leçons que nous avons reçues depuis
plus de vingt ans de l'instructive école du malheur causé par la destruction de notre sainte
religion et la douloureuse perte du meilleur et
du plus vertueux des Monarques chrétiens ;
l'oubli des mœurs a fait perdre de vue le respect
dû à tout supérieur, notamment au souverain,
aux ministres de Dieu, aux pères et mères, enfin
toutes considérations et tout devoir sacré ont
disparu avec ce Monarque chéri ; pleuré et re-
gretté depuis nombre d'années par ses fidèles
sujets ; adressons unanimement nos vœux à la
divine Providence pour lui rendre de conti-
nuelles actions de grâcesdu bonheur inappré-
ciable de retrouver dans son auguste et vertueux
frère un père tendre, clément et compatissant,
ainsi qu'une incomparable princesse douée des
sublimes vertus de son illustre famille, chère et
précieuse à l'univers entier par ses cruels malheurs comme par ses rares vertus ; suivons un si
bel exemple, il nous conduira dans le sentier

de la félicité : la charité est une vertu des plus précieuses. Commençons par être silencieux sur le mal, sans jamais l'exagérer, et occupons-nous à dire et à faire le bien ; dans une belle âme se trouve toujours la récompense d'une bonne action. Cette récompense et cette gloire immortalisent déjà nos illustres alliés.

Quel triomphe pour le véritable chrétien de pouvoir dire à haute voix : *Rendons à Dieu ce qui est à Dieu, et à César ce qui appartient à César !* Quel baume cette douce pensée jette dans l'âme ! elle nous promet une régénération qui nous conduira d'un siècle de fer au siècle d'or, par le rétablissement de la religion et l'heureux retour de nos précieux princes légitimes ; c'est cette religion sacrée, soutien de l'honnête malheureux, qui nous dit que Dieu est plus puissant que le malheur, et que la confiance dans sa sainte Providence met tôt ou tard un terme à nos peines.

Les traits magnanimes de nos illustres alliés, dans une circonstance aussi alarmante et des plus désespérées, nous en donnent un exemple bien frappant ; tout prouve que d'aussi belles et d'aussi généreuses actions sont dirigées et conduites par la main divine ; c'est à cette divine Providence et à nos immortels alliés que nous devons le double couronnement du bonheur et la douce consolation de revoir le trône décoré du plus digne et du plus vertueux des Rois, cheri et désiré depuis long-temps de tous les vrais Français.

Quel touchant et quel admirable tableau de voir tout à-la-fois un père tendre dans un Roi outragé et clément, et des sujets coupables dans des enfans repentans! enfin l'amour royal, paternel et filial confondant ensemble les précieuses larmes de la plus douce joie qui succèdent à celles de la douleur la plus cruelle ! Honorons à jamais l'Etre suprême d'être les heureux témoins d'un miracle aussi signalé, et jurons, dans la sincérité de notre cœur, dévoûment, respect, soumission et fidélité inviolable au plus précieux souverain et au plus tendre des pères.

PRÉCIS

Des exhortations et sollicitations faites à la Convention Nationale en faveur de l'infortuné Louis XVI. *

C'EST une femme, Messieurs, qui ose élever la voix au milieu du plus affreux orage, pour vous faire part des cruelles et sérieuses réflexions qu'elle fait journellement sur l'acharnement des ennemis du Roi. Cet acharnement, à la vérité, est causé par sa *soi-disant* ambitieuse et imprudente conduite; à Dieu ne plaise que j'ajoute sa criminelle conduite ! je dirai toujours, avec les personnes justes, sa vertueuse conduite et sa noble ambition, n'en

---

* Nous garantissons l'authenticité de cette pièce adressée, en 1792, aux Membres de la Convention nationale, qui l'ont rejetée parce qu'elle était trop en opposition au système d'avilissement dans lequel ils voulaient jeter la nation française. (*Note de l'Auteur.*)

n'ayant jamais eu d'autre que celle de rendre
son peuple heureux : d'ailleurs, conçus dans le
péché, nous naissons tous avec la faiblesse hu-
maine, tous les hommes ont leurs faibles et
leurs mérites ; le plus simple particulier peut
posséder les qualités d'un Roi, comme un Roi
peut avoir les défauts d'un simple particulier ;
les circonstances agravent les défauts, comme
les qualités peuvent acquérir du mérite, le
tout dépend des circonstances.

L'ambition qu'on suppose au Roi peut avoir
causé beaucoup de crimes sans qu'il soit criminel, et son imprudence, ou pour parler
plus juste, sa trop grande confiance avoir fait
beaucoup de mal avec l'intention de faire le
bien ; il ne faut pas toujours juger des actions,
l'action ne part pas toujours de l'intention ;
mais l'intention part toujours du cœur. Si l'on
veut rendre hommage à la justice et à la vérité,
on conviendra qu'il a le cœur naturellement
bon ; on conviendra aussi qu'il a toujours été
un exemple de sagesse et de religion, et qu'il
a rempli ses devoirs de chrétien avec la plus
grande exactitude ; ce devoir dépendait de lui
seul, aussi l'a-t-il toujours bien religieusement
rempli ; mais les autres n'en dépendaient pas :
le service de Dieu n'est jamais envié, et celui
des hommes l'est toujours ; je n'ai point oublié

la morale touchante qu'il fit à sa chère et in-
téressante fille, lors de sa première commu-
nion ; avec quelle énergie et quelle onction il
lui peignait les grands avantages qu'elle pouvait
retirer du Sacrement de l'Eucharistie ; avec
quelle tendresse il invitait cette princesse
chérie, d'implorer la miséricorde de Dieu,
pour qu'il répandît sa sainte bénédiction, non-
seulement sur elle et sur sa famille, mais encore sur tout son royaume.

Serait-il possible d'inspirer d'aussi beaux
sentimens sans les avoir soi-même ? pourrait-on,
sans la plus grande injustice, disconvenir qu'il
a toujours été un bon et fidèle mari, père
tendre, généreux frère et sincère ami ? Avec,
d'aussi belles et d'aussi naturelles qualités, est-
il présumable qu'il ait volontairement cessé
d'être un bon Roi ? non : la chose est impossible, absolument impossible ; les cruelles
circonstances malheureuses ont fait mécon-
naître sa belle âme, et donné les plus noires
interprétations à ses intentions les plus pures.
C'est pourquoi je soutiens que nos actions
peuvent nous faire paraître criminels sans que
notre cœur cesse d'être vertueux : les plus mau-
vaises actions malheureusement desservent souvent les meilleures intentions.

Il est de style de dire je ne suis ni pour ni

contre ; mais j'atteste le ciel que c'est de la
meilleure foi, que je suis dépouillée de la pré-
vention et de la partialité , et que toutes mes réflexions ne partent que de la justice la plus
épurée. C'est avec de tels sentimens qu'on
doit traiter une cause aussi importante et aussi
respectable ; les procédés de Louis XVI fixent
l'attention de l'univers entier, et cependant ses
ennemis osent soutenir que c'est un homme
comme un autre. Voici pourtant une preuve
bien frappante et bien convaincante du con-
traire ; il peut être comme un autre par ses
faiblesses comme par ses vertus ; mais son rang
l'a mis au-dessus des autres hommes , et même
au-dessus des autres Rois : chacun a sa desti-
née. C'est le sort qui l'a placé sur le trône , et
c'est à la fatalité du sort et de l'injustice qu'il
doit ses cruelles peines ; tous les cœurs justes ,
sensibles et compatissans , doivent plus le
plaindre que le blâmer ; d'après toutes ces réflexions , je ne vois pas que le Roi soit plus criminel que le reste des hommes , puisqu'il a les
mêmes faiblesses ; il peut commettre des fautes
dans son état comme nous en commettons dans
le nôtre ; les siennes sont plus frappantes ,
parce que son rang est plus frappant ; tout est
proportionné , la position qui paraît la plus
avantageuse est souvent la plus dangereuse ;

l'homme le moins criminel est celui qui est le
plus ignoré, et je pourrais même ajouter le
plus ignorant; c'est le sort qui décide la position; la position fait naître l'ambition, l'ambition la trahison, et la trahison le crime. Si
c'est sous ce rapport que le Roi est criminel,
il en est bien parmi nous : le père trahit son fils,
le fils son père, le frère son frère, l'ami son
ami, le voisin son voisin; tous trouvent des
excuses, tous se croient excusables : pourquoi
le Roi serait-il coupable? Considérez sa position avec une âme pure et des yeux justes, et
vous verrez combien elle est remplie d'écueils
pernicieux et dangereux; soyons de bonne foi,
et convenons que, si nous eussions été dans sa
place, nous nous fussions peut-être conduits
avec moins de sagesse que lui; les fautes qu'il
peut commettre dans son état ne sont pas plus
criantes, à proportion, que celles que nous
commettons dans le nôtre; *mais à tout péché
miséricorde.* Dieu, lui-même, nous donne
l'exemple du pardon; ce n'est pas la mort du
pécheur que Dieu demande, c'est sa conver-
sion; si, par des causes involontaires, ils ont
commis des fautes, ils ont bien eu le temps de
s'abreuver du calice d'amertume, et même
d'épier celles des autres. De grâce, Messieurs,
au nom de l'amitié fraternelle et de toute l'hu-

manité chrétienne , ayons pour nos frères toute l'indulgence que nous désirerions qu'on eût pour nous ; rien n'est plus agréable à Dieu que l'oubli des offenses, et rien de plus glorieux que de se venger par le pardon ; armez-vous, Messieurs, des armes prudentes de la sagesse pour ce glorieux combat : s'il ne vous est pas méritoire devant les hommes, il vous le sera devant Dieu. Les hommes ne sont que passagers ; Dieu est éternel.

Que ne puis-je vous rendre tout ce que je sens pour un sujet si important et si intéressant ! ce n'est pas la matière qui me manque, mais les expressions, par un défaut d'usage ; mon silence, plus expressif et plus éloquent que ma plume , en dirait davantage ; mais il faut ici des paroles pour mettre au jour ses pensées au défaut d'expressions. Je vais me servir de comparaisons que je crois justes ; je suppose donc que le Roi répande sur son peuple de grandes générosités ; cette belle action sera louée de bien du monde : mais je jure que la majeure partie dit qu'il n'a pas plus de mérite de donner une grosse somme , que nous d'en donner une petite ; qu'il est bienfaisant à proportion de sa fortune, que c'est sa position qui le rend généreux : voilà bien sûrement l'affreux langage que l'on tiendra. Donnez, je vous prie , toute votre attention à cette réflexion , et voyez comme les hommes sont injustes : l'on veut bien admettre de la proportion de sa position à la nôtre , pour ses générosités qu'on ne veut pas appeler vertus ; mais on n'en veut pas admettre pour ses faiblesses, qu'on veut nommer crimes. Une belle action est d'abord oubliée ; une à laquelle on voudra donner le nom de mauvaise sera bientôt répétée , publiée , mal interprétée, on s'empressera de l'apprendre à ceux qui l'ignorent, et on la peindra sous les plus affreuses couleurs. Voilà la preuve convaincante que l'on est toujours silencieux sur le bien , et fort exagéré sur le mal. La douloureuse et cruelle position de Louis XVI, nous en fournit un exemple bien frappant : cet homme chéri, doué des plus belles qualités , je dis des plus belles qualités, puisqu'il est vrai qu'il possède celles d'un véritable chrétien , et qu'il est moralement et physiquement impossible d'être un vrai chrétien sans être un bon Roi ; eh bien, ce religieux et vertueux Roi est regardé et traité comme le plus indigne et le plus infâme criminel ; ses belles et religieuses actions sont effacées , oubliées par des fautes apparentes et involontaires. En faveur des qualités , on doit oublier des faiblesses ; balancez les choses, et vous verrez, qu'à coup sûr, ses grandes vertus l'emportent sur les simples défauts attachés aux faiblesses humaines. Notre sainte religion n'a été jusqu'à présent soutenue que par lui ; une de ses peines les plus cruelles est d'en voir l'abolition. Des monumens si respectables, qui ne devaient être consacrés qu'au culte de Dieu, deviennent le théâtre du désordre et de la corruption ; l'on craint d'offenser un homme , et l'on ne craint point d'insulter Dieu, au point de le chasser ignominieusement de son saint temple. De quel œil croyez-vous que Dieu puisse voir tant d'infamies ? Il nous laisse, à la vérité, francs arbitres de notre volonté ; mais il nous donne la connaissance du bien et du mal : c'est à nous de faire le bien et d'éviter le mal. Malheur à ceux qui n'ont pas la crainte de Dieu devant les yeux , le crime aura plus d'appas pour eux que la vertu ! La cruelle mort que les tyrans de notre infortuné Roi lui préparent, lui sera moins affreuse que l'existence dans un monde aussi pervers et aussi corrompu : il est né, il a vécu, et il mourra, en dépit des destructeurs de la religion, avec les sentimens d'un véritable chrétien. Dieu est juste, ses fidèles serviteurs lui sont connus ; il sait récompenser le bon comme il sait punir le méchant ; la récompense de notre auguste Roi lui est déjà préparée. Le ciel deviendra son appanage , ses

tyrans lui ont fait faire ici bas son purgatoire ;
et, à l'exemple du saint homme Job, il a pris
tous ses malheurs avec la plus grande patience
et la plus grande résignation. Que le peuple
est horriblement aveugle ! il verra clair quand
il ne sera plus temps. En demandant la mort
d'un si bon Roi, l'on terminera ses cruelles
peines ; et l'on mettra le comble aux nôtres ;
il mourra innocent, et nous vivrons coupables.
Nous serons comptables devant Dieu du sang
innocent ; les indignes auteurs de sa cruelle
mort traîneront dans ce monde une vie à charge,
pénible et languissanet, et expieront dans l'autre
leurs horribles crimes.

Faites, ô mon Dieu, que vos justes juge-
mens effraient le pécheur endurci ! suggérez-lui
les réflexions d'un pécheur repentant, et qu'en
réfléchissant sur l'énormité de son crime, votre
sainte crainte l'empêche de le consommer !

Qu'il est cruel et douloureux pour des âmes
justes et sensibles de voir que ce n'est point la
justification du Roi que l'on demande ! les uns
désirent sa tête, et d'autres son trône. Avec
de tels sentimens l'on va d'injustices en injustices, et de crimes en crimes ; le Roi ne nous
a point été donné par le peuple ; ainsi il ne peut
ni ne doit nous l'ôter, c'est du sort de qui
nous le tenons, tout est dirigé et conduit par

la main divine; puis donc que c'est Dieu qui nous l'a donné, c'est lui qui doit nous l'ôter; les décrets de la divine Providence doivent, ce me semble, l'emporter sur ceux de la convention. Quel argument peut combattre une raison si forte, si juste et aussi naturelle? En y réfléchissant bien, peut-on, sans la plus sacrilége injustice, faire trancher le fil de ses précieux jours et prétendre à sa couronne? Ce dernier droit n'est réservé qu'à son auguste fils; c'est à lui seul qu'elle appartient légitimement. Si vous poussez la tyrannie et l'injustice au point d'en dépouiller le père, vous devez au moins en revêtir le fils; les sentimens de justice, d'humanité et de religion nous en font un devoir et même une loi; c'est le seul moyen de modérer la juste colère de Dieu; ce n'est qu'à ce prix qu'elle peut trouver des bornes. Craignez la vengeance céleste, rien n'est impossible à l'Etre suprême; évitez de renouveler ici l'exemple de Mardochée et d'Aman. Le glaive que vous voulez lever sur la tête du juste, pourrait bien retomber sur celle de l'injuste. Dieu, qui n'est que juste, ne protégera jamais vos cruelles entreprises. Je vous conjure, au nom de ce que la religion a de plus saint et de plus sacré, d'abandonner d'aussi dangereux et d'aussi criminels projets : si vous persistez, la France est ruinée pour des siècles, et déshonorée pour toujours; la guerre, vous le savez, est un fléau du ciel, elle fait déjà sentir ses rigueurs avec la plus grande force : loin de s'adoucir et de se modérer, elle va devenir des plus cruelles et des plus désastreuses. La mort d'un si bon Roi servira d'instrument aux vengeances de Dieu ; tant d'atrocités et de crimes entassés ne peuvent avoir que de sinistres suites. Si le sort de notre infortuné Roi ne vous touche pas, soyez touchés du vôtre ; persuadez-vous, Messieurs, que d'aussi grands crimes ne restent jamais impunis ; la punition retombera sur vous et sur vos descendans. De grâce, ouvrez les yeux ; évitez le précipice sur lequel vous marchez, et qui est près de nous engloutir ; ne rougissez pas d'être et de paraître chrétiens. Vengeons-nous par le pardon, remettons Louis XVI sur son trône, ou remplaçons-le par son fils. Cette belle et religieuse action sera agréable à Dieu ; il protégera nos entreprises, nos malheurs cesseront, et le bonheur renaîtra. Si ses fautes involontaires l'ont fait rejeter et détrôner, ses véritables vertus doivent le faire regretter, désirer et redemander : c'est le parti le plus sage et le plus sûr que nos ayons à prendre. Il nous faut un Roi; il est absolument impossible de s'en

passer ; il est prouvé que le nôtre a toutes les
qualités et toutes les vertus d'un vrai chrétien ;
où se trouve la religion se trouve le bonheur :
il est bien plus doux et bien plus flatteur d'en-
tendre prononcer le nom de Roi des chrétiens ,
que celui de républicain ; l'un est aussi agréable
que l'autre est repoussant ; il est incontestable
que le Roi est le père du peuple, il en a les
entrailles. Priver volontairement le peuple de
son Roi , c'est priver des enfans de leur père ;
établir une république , c'est remplacer un
bon père de famille par un étranger inconnu.
Croyez-vous, de bonne foi, que les enfans auront
pour cet inconnu le naturel , l'attachement ,
le respect, l'amitié , et tous les égards enfin
qu'ils avaient pour leur père ? Lorsqu'ils se
verront dans la dure nécessité de se priver du
plaisir de prononcer ce doux nom , la discorde
s'élèvera entre eux ; une affreuse dissension leur
livrera à chaque instant des combats dont les
suites deviendront peut-être sanglantes : tels
seront les funestes effets de la république ;
voilà les flatteuses espérances qu'elle nous
donne. On a bien raison de dire que l'habitude
est une seconde nature : il est aussi naturel au
peuple d'avoir un Roi , qu'il l'est à des enfans
d'avoir un père ; la république sera aux Français,
en place de leur Roi, ce qu'un inconnu étranger serait à des enfans en place de leur père.

Si je voulais entrer dans le détail des comparaisons, j'en aurais une infinité à ce sujet à
vous mettre sous les yeux. D'après mes sérieuses et cruelles réflexions, je conclus que,
tel blâme qu'on veuille donner à notre auguste Roi, et même tels défauts qu'on puisse
lui prêter, il nous doit être toujours cher
et préférable à la république, revêtue des
grands avantages que les aveugles insensés en
prétendent retirer. Comme j'ose me flatter
qu'on ne peut pas se refuser à l'évidence de
mes réflexions et de mes comparaisons, les
personnes justes et sensées conviendront avec
moi qu'une telle loi ne serait point naturelle ;
ainsi, celle que l'on veut introduire est contre
nature ; tout ce qui n'est pas secondé par
elle, ne peut subsister long-temps. Témoins
vos arbres de la liberté, ils ne prendront jamais, le but en est trop mauvais ; loin d'être
fécondés par la nature, elle leur deviendrait
ingrate, semblable au champ de Caïn, qu'il
a toujours cultivé en vain ; ses vues étaient
criminelles, et son travail ne fut jamais
agréable au Seigneur. Toutes ces vérités sont in-
contestables, comme il est également incontestable que notre précieux et infortuné Roi
est le vrai père du peuple. Pour abonder dans
tous les sens, j'admets qu'il soit un mauvais
père, j'admets même qu'il soit père criminel ;

c'est encore contre nature que des enfans demandent la mort de leur père : s'il en est d'assez féroces et d'assez dénaturés pour la désirer, aucun n'a jamais osé la demander. La nature a donné à nos pères et mères tous droits sur nous; elle ne nous en a donné aucun sur eux, nous devons les honorer, les aimer, avoir pour eux une obéissance aveugle, et respecter même jusqu'à leurs défauts. Cette morale est tirée des premiers principes de notre sainte religion. L'homme le moins instruit sait que c'est un des premiers commandemens de Dieu; si nous avons le malheur d'avoir des pères et mères assez dénaturés pour abuser de leurs droits envers nous, nous en devons gémir, adresser nos plaintes à Dieu, lui faire un sacrifice de nos peines, et le prier qu'il change leurs cœurs. C'est cette sage conduite que nous devions tenir envers notre infortuné Roi, lorsque nous nous sommes aperçus que les piéges artificieux que l'on tendait à sa vertu et à sa religion, l'égaraient et l'aveuglaient sur les égards qu'il n'a jamais cessé d'avoir pour son peuple. C'est nous qui serons comptables devant Dieu des crimes que son égarement et son aveuglement a pu faire commettre involontairement; les lumières d'un seul homme sont insuffisantes pour en éclairer tant de millions, et ses pieuses prières également insuffisantes pour demander à

Dieu tant de grâces ; nous devons joindre nos sincères prières aux siennes pour implorer la miséricorde du ciel , afin qu'il daigne détourner la tempête qui tourne depuis si long-temps sur nos têtes, et qui est sur le point de nous engloutir ; ceux qui seront assez cruels et assez barbares que d'oser faire périr notre infortuné Roi, provoqueront la juste colère de Dieu: cette cruelle et injuste mort sera un prompt instrument à ses vengeances. Je vous répète encore qu'il est de toute impossibilité que la guerre. ne devienne pas des plus sanglantes et des plus désastreuses ; un honnête avocat n'aime pas à se charger d'une mauvaise cause. Souvenez-vous que le premier sentiment se doit à la nature : lorsque nous n'aurons plus la cause de notre père commun à soutenir , toute autre nous deviendra odieuse. Pour soutenir la guerre, il faudra adopter la république ; elle ne la sera jamais que par des gens dépourvus de tous sentimens de religion et de probité. D'après de tels sujets , je vous laisse juges de la belle tournure que prendront d'aussi dangereuses entreprises ; elle fera des malheureux sans pouvoir faire des heureux ; le mal va devenir général , et tout le monde souffrira. Craignez de devenir des victimes frappantes , et peut-être sanglantes du malheur général. Encore une fois , Messieurs, craignez l'avenir ; il y a plus à craindre pour vous qu'à espérer; les autres puissances sont pour la bonne cause, et non pour la mauvaise. Prenez, je vous prie, ce que je vous dis en considération, dans la crainte de vous reprocher un jour de l'avoir méprisé ; souvenez-vous que les conseils d'une personne sensible, sensée et désintéressée, sont toujours dictés par le sentiment, et que toujours ils sont salutaires. Les conseils des personnes sensées et réfléchies doivent être préférés à ceux des grands esprits; ils sont plus naturels et moins dangereux; ils ont toujours pour base la droiture et la religion. Ne rougissez point, Messieurs, d'écouter une femme qui rougit elle-même de votre fatale erreur et de votre opiniâtre aveuglement, et qui n'a d'autres intérêts que le bien général et le vôtre en particulier ; le coup fatal n'est point encore porté, il est encore temps de rentrer en vous-mêmes.

Otez-leur, ô mon Dieu ! ce cœur de pierre qui les rend si insensibles au crime et à tout ce qui blesse votre honneur ! donnez-leur un cœur de chair et docile aux douces impressions de votre grâce. Ne permettez pas, grand Dieu ! que l'on prive ces innocentes victimes de l'injustice, des tendres caresses de leurs infortunés père et mère, par une injuste et cruelle mort. Pauvres petits enfans, qu'avez-vous fait

au monde pour être traités avec tant de tyrannie et de cruauté? Faut-il que le sort des
chers auteurs de votre naissance ne soit pas à
la disposition des mères tendres, sensibles et
chrétiennes? La nature a ses droits, elle ferait
connaître son empire dans toute sa force. Moi
qui suis mère de famille, votre sort m'inté-
resse; je serais une des premières à plaider votre
cause pour vous éviter les peines cruelles que
vous préparent vos tyrans; est-il possible que
l'on soit sourd à vos justes plaintes et insensible
à vos innocentes et précieuses larmes?

Au nom de Dieu, ne privez pas ces innocens
infortunés de tout ce qu'ils ont de plus cher au
monde! laissez-leur au moins la douce satis-
faction de consoler et d'essuyer les touchantes
larmes de leurs infortunés père et mère. De
grâce, Messieurs, par pitié pour vous-mêmes,
laissez-vous fléchir, et soyez touchés des sanglots
de notre auguste et précieux Dauphin, cet
agneau sans tache qui vous demande à genoux,
avec des larmes de sang, la grâce de son vertueux
et trop malheureux père. Ne la lui refusez pas,
sa reconnaissance sera éternelle, ses sincères et
innocentes prières seront agréables à Dieu; il
le priera qu'il répande sur vous l'abondance de
ses grâces; ses plus cruels ennemis deviendront
ses plus fidèles amis; ils seront les premiers à
demander que le trône soit décoré d'une si

belle âme ; les malheurs de son intéressant et infortuné père seront un préservatif contre ceux qui pourraient lui arriver. Ils serviront à assurer son bonheur et celui de son peuple ; notre auguste Roi, touché de tant de grandeur d'âme de la part de ses sujets, mettra son bonheur et sa gloire à être toujours un exemple de sagesse et de vertus à son cher successeur. Si notre infortuné et trop malheureux Roi a terni involontairement le trône, notre innocent Dauphin aura le bonheur de lui rendre son premier lustre ; il est naturel que les enfans réparent et effacent les fautes des pères et mères : notre bonheur est attaché au trône comme notre malheur l'est à la république. Notre sort et le vôtre sont entre vos mains.

J'adresse des vœux au ciel pour que la vertu triomphe et que le trône soit décoré des vertus du père ou du fils.

Adieu, Messieurs, voilà le résumé de mes pensées et de mes réflexions : trop heureuse si elles peuvent faire sur vos âmes et sur vos esprits l'impression que je désire ! je vous engage à la clémence et à l'indulgence ; faites toujours pour les autres ce que vous seriez flatté qu'on fît pour vous : souvenez-vous que vous avez des âmes à sauver et que nous avons un Dieu juste et vengeur.

FIN.